Vente du Samedi 9 Mai 1868.

COLLECTION DE M***

OBJETS D'ART

ET

DE CURIOSITÉ

BEAUX ÉMAUX *par* *PETITOT*

TABATIÈRES, MINIATURES

PORCELAINES DE SÈVRES

CÉLADONS DE CHINE DE BELLE QUALITÉ,

ETC., ETC.

EXPOSITIONS { PARTICULIÈRE, le Jeudi 7 Mai 1868
PUBLIQUE, le Vendredi 8 Mai 1868

Me CHARLES PILLET, COMMISSAIRE-PRISEUR | M. CHARLES MANNHEIM, EXPERT

1868

CATALOGUE

D'UNE BELLE COLLECTION

D'OBJETS D'ART

ET DE CURIOSITÉ

Beaux Émaux par PETITOT,
parmi lesquels se trouve le célèbre portrait du cardinal Mazarin;
Belles Tabatières et Bonbonnières;
Miniatures sur vélin et sur ivoire et autres à l'huile; Orfévrerie;
BELLES PORCELAINES DE SÈVRES;
Céladons de Chine de très-belle qualité;
Porcelaines de Saxe, de Chelsey et de Worcester; Verrerie de Venise;
Beaux Paravents, dont un du temps de Louis XV.

*Appartenant à M.****

ET DONT LA VENTE AURA LIEU

HOTEL DROUOT, Salle N° 4

Le Samedi 9 Mai 1868

A DEUX HEURES.

Par le ministère de Me **CHARLES PILLET**, Commissaire-Priseur,
10, rue Grange-Batelière,

Assisté de M. Ch. **MANNHEIM**, Expert, rue Saint-Georges, 7.

Chez lesquels se distribue le présent Catalogue.

EXPOSITIONS { *PARTICULIÈRE* : le Jeudi 7 Mai 1868,
PUBLIQUE : le Vendredi 8 Mai 1868,

DE UNE HEURE A CINQ HEURES.

CONDITIONS DE LA VENTE

Elle sera faite au comptant.

Les acquéreurs payeront *cinq pour cent* en sus des enchères.

L'exposition mettant le public à même de se rendre compte de l'état des objets, il ne sera admis aucune réclamation une fois l'adjudication prononcée.

42. — Paris. Imprimerie de Pillet fils aîné, rue des Grands-Augustins,

DÉSIGNATION DES OBJETS

Tabatières et Bonbonnières

1 — Très-beau portrait du cardinal Mazarin peint sur émail par Petitot ; monté dans un cadre à réverbère en or et placé sur une boite ronde en écaille doublée en or. Nous considérons cet émail comme un des mieux réussis de l'artiste.

De la collection du comte de Tankerville.

2 — Beau portrait de femme (Madame de Sevigné?) peint sur émail par Petitot ; il est monté dans un cadre à réverbère en or et placé sur une boite ronde en écaille doublée en or.

De la collection du comte de Tankerville.

3 — Autre beau portrait de femme (Madame de Montespan?) peint sur émail par Petitot et monté sur une boite ronde en écaille.

4 — Portrait de Madame de Chevreuse peint sur émail par Petitot et monté sur une boite ronde en écaille.

5 — Autre beau portrait de Monsieur de Grignan peint sur émail par Petitot et monté sur une boîte ronde en écaille.

6 — Portrait de femme (Ninon de Lenclos?) peint sur émail par Petitot, monté dans un cadre carré à réverbère en or et placé sur une boîte ronde en écaille doublée en or.

Collection Berwick.

7 — Très-belle miniature sur ivoire. Portrait de la célèbre *Perdita* (Madame Robinson) maîtresse du prince de Galles, par *Smart*, 1780. Elle est montée sur une boîte ronde en écaille guillochée, garnie d'une gorge à charnière en vermeil.

8 — Boîte de forme oblongue en écaille garnie d'une gorge à charnière en argent gravé et doré et ornée sur le couvercle d'une miniature sur ivoire représentant dans des médaillons ovales les portraits de deux des filles de Louis XV.

9 — Jolie miniature de forme ovale sur ivoire représentant un portrait de jeune femme en costume Louis XVI, montée sur une boîte ronde en écaille.

10 — Charmante petite boîte ovale en agate orientale rougeâtre montée à gorge à charnière et montants en or gravé. Époque Louis XV.

11 — Petite bonbonnière ronde en jaspe sanguin montée à charnière en or et garnie d'un rang de roses. Même époque.

12 — Boîte de forme octogone en agate orientale montée et garnie d'ornements rocaille et fleurs en or repoussé. Elle porte la devise suivante réservée sur fond d'émail blanc : *Marque de mon amitié sincère*. Époque Louis XV.

13 — Cassolette en forme de couronne royale en purpurine montée en or et enrichie de pierres fines telles que diamants, rubis, émeraudes, perles, etc.

14 — Boîte ronde en purpurine garnie en argent doré. Le dessus est orné d'une peinture en grisaille sur émail représentant un buste de philosophe grec.

15 — Petite boîte de forme carrée à angles arrondis en ancien laque d'or du Japon montée à gorge à charnière en or.

16 — Jolie boîte de forme carrée en vernis de Martin fond or et sujets de personnages dans des paysages, en camaïeu vert ; Monture en or. Cette boîte a été exécutée à l'imitation des boîtes d'or émaillées en plein.

17 — Autre boîte en vernis de Martin de forme ovale décorée de figures d'Amours dans le style de Boucher et de fleurs en couleurs sur fond d'or. Elle est doublée en or.

18 — Boîte carrée en ancienne porcelaine de Saxe décorée de paysages avec figures. Monture en argent doré. Belle qualité.

19 — Boîte ovale en vernis de Martin fond rouge quadrillé et décor d'or.

20 — Encrier persan formé d'une plaque d'or émaillé, enrichie de pierreries.

21 — Éventail en vernis de Martin représentant Calypso recevant Télémaque.

22 — Deux flacons en verre vert, montés en or repoussé à ornements rocaille découpés à jour. Époque Louis XV.

Orfèvrerie

23 — Très-belle ménagère en argent repoussé et ciselé à fleurs et doré. Elle se compose d'un plateau support, de trois vases à épices et de deux flacons en cristal taillé, montés en vermeil. Travail anglais.

24 — Aiguière en vermeil enrichie de mascarons et de draperies repoussés. Même travail.

25 — Aiguière analogue à celle qui précède, ornée de festons de lauriers. Même travail.

26 — Gobelet en argent doré, enrichi d'ornements gravés et repoussés. Travail allemand du XVIIe siècle.

27 — Deux gobelets analogues à celui qui précède, mais de travail anglais.

28 — Aiguière et son plat en cuivre repoussé, enrichi d'oiseaux et d'ornements émaillés en couleurs en relief. Travail italien du XVIe siècle.

Miniatures et Émaux

29 — Jolie miniature ovale sur vélin par PETITOT; portrait de femme (Madame de la Vallière?) monté dans un cadre en bronze.

30 — Jolie miniature ovale sur ivoire d'après PETITOT; portrait de Madame de Grignan. Dans un cercle d'or appliqué sur fond de velours et cadre en bronze doré.

31 — Autre jolie miniature ovale sur ivoire d'après PETITOT; (portrait de Madame de Sévigné?) monture analogue à celle qui précède.

32 — Miniature ovale sur ivoire du temps de Louis XVI; portrait de femme en corsage bleu; les cheveux rattachés par un ruban bleu; près d'elle est un bouquet de fleurs. Cadre en bronze doré.

33 — Miniature ronde sur ivoire; portrait de Madame de Polignac, vue à mi-corps. Époque Louis XVI. Dans un cadre en bronze doré.

34 — Miniature ovale sur vélin du temps de Louis XIV; portrait de Gaston, duc d'Orléans. Cadre en bronze.

35 — Miniature ronde sur ivoire du temps de Louis XVI; (portrait de Mademoiselle Clairon?) Cadre en bronze doré.

36 — Miniature ovale sur ivoire; portrait de Madame Clive par Cosway. Cadre en bronze.

37 — Miniature ronde sur ivoire du temps de Louis XVI; portrait de jeune femme, pinçant de la guitare. Cadre en bronze doré.

38 — Jolie miniature ovale sur vélin; portrait du grand Condé. Époque Louis XVI. Cadre en bronze doré.

39 — Miniature carrée sur ivoire; portrait de Tourville. Cadre en bronze doré.

40 — Miniature ronde sur ivoire; (portrait de Madame Vigée Lebrun?) Cadre en bronze doré.

41 — Miniature carrée sur ivoire; portrait de l'impératrice Marie-Thérèse d'Autriche. Cadre en bronze doré.

42 — Miniature ovale par Mademoiselle Charrin; portrait de Madame de Beaufort. Cadre en bronze doré

43 — Miniature carrée sur ivoire; portrait de l'empereur Joseph II d'Autriche. Cadre en bronze doré.

44 — Miniature ronde sur ivoire; portrait de jeune femme tenant un cahier de musique. Cadre en bronze doré.

45 — Miniature ovale sur vélin; portrait du Roi Louis XV. Cadre en bronze.

46 — Miniature carrée sur vélin; portrait du comte de Toulouse. Dans un cadre en bronze doré.

47 — Miniature ronde sur ivoire; portrait de Latude.

48 — Portrait du duc de Vendôme peint sur émail et sur or. Cadre en bronze.

49 — Miniature ronde sur ivoire par Dubisorg ; portrait du comte de Provence.

50 — Miniature ovale sur vélin; portrait de femme tenant un carlin sur son bras. Cadre en bronze.

Miniatures à l'huile

51 — Joli médaillon ovale peint à l'huile sur cuivre; portrait de Gabrielle d'Estrée en riche costume du XVIe siècle.

52 — Portrait de la duchesse de Nevers peint à l'huile sur cuivre. Dans un cadre en argent gravé et découpé à jour.

53 — Portrait en pied d'un duc de Saxe portant une riche armure de la fin du XVIe siècle. Peinture à l'huile. Cadre en bois noir.

54 — Portraits à l'huile du duc d'Albe et d'un prince des

Asturies par P. Gotomanus, peintre du Roi d'Espagne. Dans des cadres en bois noir et décor d'or.

55 — Miniature ovale sur cuivre; (portrait de Marguerite de Valois ?) Cadre en bronze.

56 — Miniature ovale à l'huile; portrait du duc de Guise. Cadre en bois noir.

57 — Miniature ovale sur cuivre; portrait de femme en riche costume du XVIe siècle.

58 — Miniature ovale sur cuivre; (portrait de Rabelais?)

59 — Autre miniature ovale sur cuivre; portrait du cardinal Alberoni.

Porcelaines de Sèvres

60 — Charmant brûle-parfums dit pot pourri, composé d'un petit vase de forme ovoïde en ancienne porcelaine de Sèvres, fond bleu turquoise et médaillons de fleurs, monté sur des branchages en bronze doré, garnis de fleurs en porcelaine bleu turquoise. Il repose sur un plateau de marbre blanc garni de bronze, servant de base à deux oiseaux en ancienne porcelaine de Sèvres, pâte tendre, fond bleu turquoise et décor d'or. Époque Louis XV.

61 — Deux jolis petits vases en ancienne porcelaine de Sèvres,

pâte tendre, modèle litron, fond bleu turquoise et médaillons renfermant chacun un bouquet de roses; monture à anses, gorge et piédouche en bronze doré. Époque Louis XVI.

62 — Très-joli broc et son bassin en ancienne porcelaine de Sèvres, pâte tendre, fond bleu turquoise à festons de fleurs et oiseaux voltigeant. Epoque Louis XV.

63 — Plateau rond à contours sur piedouche bas, en ancienne porcelaine de Sèvres, pâte tendre, fond bleu turquoise à médaillons d'oiseaux et festons de lauriers en or.

64 — Beau bol en ancienne porcelaine de Sèvres, pâte tendre fond bleu turquoise et larges médaillons de fleurs. Epoque Louis XV.

65 — Bol analogue à celui qui précède, fond bleu turquoise et médaillons de fleurs.

66 — Deux vases en ancienne porcelaine de Sèvres, pâte tendre, fond bleu de roi, montés à anses, gorge et piédouche en bronze doré. Époque Louis XVI.

67 — Grand et beau plateau en ancienne porcelaine de Sèvres, pâte tendre, fond bleu turquoise à rehauts d'or et médaillons renfermant des couronnes de roses et les L enlacées du roi Louis XV.

Ce plateau est malheureusement fendu.

68 — Jolie salière à trois places en forme de panier, en an-

cienne porcelaine de Sèvres, pâte tendre, fond bleu turquoise et médaillons de fleurs.

69 — Salière analogue à celle qui précède.

70 — Deux salières en ancienne porcelaine de Sèvres, pâte tendre, fond bleu turquoise et fleurs.

71 — Deux tasses en ancienne porcelaine de Sèvres, pâte tendre, l'une d'elles fond jaune porte les lettres D B enlacées, l'autre est décorée de fleurs en couleurs.

72 — Huit pots à crème en ancienne porcelaine de Sèvres décorés de fleurs ; quatre sont en pâte tendre et quatre en pâte dure.

73 — Plateau ovale à bords festonnés en porcelaine de Sèvres, pâte tendre, fond bleu turquoise et décor de fleurs et d'oiseaux.

Porcelaines de Chine

74 — Très-beau brûle-parfums de forme sphérique, reposant sur trois pieds à têtes chimériques, à anses surélevées en S, en céladon bleu turquoise, à dragons et ornements gaufrés en relief. Le couvercle est surmonté d'une chimère assise. Belle qualité. Socle en bois sculpté.

75 — Jolie pendule formée d'un vase en céladon bleu tur-

quoise, richement monté, à anses, socle et bouquet de fleurs en bronze finement ciselé et doré au mat. Style Louis XVI. Sur socle en bois de fer incrusté de nacre et garni en argent.

76 — Deux jolis candélabres accompagnant la pièce qui précède, formés de vases modèle bouteille, en céladon bleu turquoise, montés en bronze doré au mat, et contenant des bouquets de fleurs porte-lumières. Style Louis XVI.

77 — Deux cassolettes en céladon bleu turquoise, montées à trépieds en bronze doré au mat. Style Louis XVI.

78 — Belle chimère assise, en ancien céladon bleu turquoise.

79 — Petit vase modèle balustre, à deux anses, en céladon bleu turquoise, à dragons gaufrés en relief.

80 — Deux petits vases modèle balustre, en céladon bleu turquoise uni. Monture en bronze doré.

81 — Petit vase modèle carré, en céladon bleu turquoise, à ornements gaufrés en relief.

82 — Vase analogue à celui qui précède, un peu plus petit.

83 — Jolie théière en céladon bleu turquoise, à fleurs gaufrées sous émail.

84 — Très-beau vase forme bouteille, en ancien céladon bleu

turquoise, à fleurs gaufrées en relief. Très-belle qualité. Monture de style Louis XVI en bronze doré au mat.

85 — Deux beaux vases en céladon bleu turquoise, montés et garnis en bronze finement ciselé et doré au mat. Style Louis XVI.

86 — Brûle-parfums formé d'un paon en céladon bleu turquoise, garni d'une galerie à jour et d'un socle en bronze doré.

87 — Lustre en bronze doré, garni de trois perroquets, de chimères, de poussabs et de vases en céladon bleu turquoise. Collection Louis Fould.

88 — Garniture de trois vases en ancienne porcelaine craquelée gris jaunâtre de la Chine, montés en bronze doré.

89 — Deux belles chimères en ancienne porcelaine de Chine, décorées en émaux de la famille verte.

90 — Petite potiche en ancienne porcelaine du Japon, décorée en bleu rouge et or.

91 — Petite chimère assise en céladon rouge flambée.

Porcelaines de Saxe

92 — Deux jolis vases en ancienne porcelaine de Saxe, garnis de fleurs et de branchages en relief et montés sur

des socles modèle rocaille en bronze doré. Époque Louis XV.

93 — Deux jolis carlins assis, en ancienne porcelaine de Saxe.

94 — Cabaret en ancienne porcelaine de Saxe à médaillons de paysages et figures. Il se compose de six pièces.

Porcelaines anglaises

95 — Beau plateau en ancienne porcelaine tendre de Chelsey, à bords émaillés gros bleu et médaillons d'oiseaux. Belle qualité.

96 — Beau bol en ancienne porcelaine tendre de Worcester, décoré de palmettes émaillées en couleurs, à l'imitation des porcelaines du Japon.

97 — Deux grands vases à couvercles en porcelaine de Colebrook Dale, décorés de fleurs et de branchages en relief. Pièces curieuses.

Verrerie de Venise

98 — Vase en verre de Venise incolore, à mascarons saillants et à nœud, orné de mufles de lion dorés.

99 — Vase ovoïde en verre de Venise, à panse diamantée en verre bleu, sur pied et à anses en verre incolore.

100 — Vase à côtes en verre incolore, orné de mascarons saillants et de points d'émail bleu turquoise, sur pied à balustre, orné de mufles de lion dorés.

101 — Un vase en verre de Venise incolore, gravé à ornements.

102 — Petite coupe de forme contournée, en verre agate de Venise.

103 — Petite coupe ronde, à pied garni d'ailerons émaillés bleu.

104 — Petite coupe ronde en verre bleu gravé, et à anses en verre incolore.

105 — Tonnelet en verre de Venise, chevronné d'émail rouge, bleu et blanc.

106 — Deux pièces : Bouteille à anse en verre bleu, et vidrecome allemand portant les armes de Saxe émaillées, ainsi que l'inscription « Caves royales » et la date de 1687.

Meubles

107 — Beau paravent à quatre feuilles, en bois sculpté doré et peint, garni sur un de ses côtés d'étoffe de soie bleue à fleurs de couleurs brochées, et sur l'autre de dessins très-riches, en couleurs, à figures et ornements sur fond rouge.

108 — Grand paravent en laque de Chine, à six feuilles fond rouge, à décor d'or et couleurs, paysages et figures.

www.ingramcontent.com/pod-product-compliance
Lightning Source LLC
LaVergne TN
LVHW021531140926
848035LV00047B/1295
* 9 7 8 2 3 2 9 5 3 2 7 8 3 *